Entre el jueves y la noche

Manuel Ramos López

Aliar ediciones

Corrección: Julia Salas
Diseño de cubierta: Jaime Galisteo
Maquetación: Aliar Ediciones

Depósito Legal: GR 471-2024
ISBN: 978-84-10155-81-7

Impreso en España

Edita
ALIAR Ediciones
www.aliarediciones.es
info@aliarediciones.es

Entre el jueves y la noche

Manuel Ramos López

A aquellas que hicieron de los jueves
un pábilo esperanzador entre tanta noche.

A Gonzalo Vicente, padre, maestro, amigo, poeta; que me ayudó a hacer
de la poesía un arma contra el desaliento y un camino de amor.

A Inés que se sabe de memoria estos versos
y es la mayor lectora de los mismos.

A mi familia,
especialmente a Ana que vive en Dios e impresa en nuestra alma,
luz eterna entre tanta noche oscura.

«En la noche dichosa,
en secreto, que nadie me veía
ni yo miraba cosa,
sin otra luz y guía
sino la que el corazón ardía».

San Juan de la Cruz

Prólogo

Las palabras son ventanas que nos muestran otros mundos, normalmente opacos a nuestras miradas henchidas de prisa e inmediatez. Otros mundos, porque son mundos diferentes los de quien escribe y los de quien lee, los de quien habla y quien escucha, paradójicamente unidos por el mismo quicio y vano, que son las palabras, y que nada tienen de banal.

Las palabras, trenzadas unas con otras entre espacios y saltos de línea, con silencios y entonación, nos cuentan historias; a cada uno la suya, o la de otros, pero siempre bajo los propios ojos u oídos, nunca desde los de los demás. Historias que tratan de desvelar un sentido ignoto a los instantes atomizados de la propia vida, o de la vida de los otros, que nos invitan a visitar por un instante en el todo de la eternidad.

Las palabras, reveladoras de mundos e historias, cuentan lo que ven los ojos del corazón; aquello que queda plasmado en el fondo del alma y que pide dar forma a lo vivido. Más allá de la exterioridad y la superficie, los ojos del corazón son capaces de perforar la realidad que somos y en la que existimos; la nuestra y la que no poseemos y, sin embargo, nos pertenece porque forma parte de nuestra vida.

La densidad de lo real, torpemente contada y esporádicamente vivida, nos embarga, habita y constituye. Su espesura nos acompaña, unas veces como una pesada condena, otras, como un sólido basamento que sostiene e impulsa cada decisión tomada. Por eso conviene saber situarse en ella y descubrir su oportuno lugar en nuestros días. No sobre los hombros, sino en nuestro centro, en aquello que somos, fuimos y proyectamos ser. Un centro, epicentro de la multitud de momentos, tareas y personas, que acompañan nuestro solitario caminar, unas veces como distracciones huidizas, otras, como parte de nuestra carne y nuestra historia.

La espesura de cuanto vivimos, somos y compartimos, no es opaca; puede ser traspasada y contada. La poesía y la oración son expertas en ese oficio de contar lo invisible y, en último término, indecible; maestras en roturar senderos donde inicialmente no vemos camino, nos invitan y educan a ir, siempre, más allá. La primera, como un suave trazo que pretende perfilar cuanto vivimos y anhelamos; la segunda, como una dulce respuesta a quien nos visita contándonos la verdad de quienes somos, la belleza última de cuanto nos rodea y la bondad que habita en cada corazón humano, por muy escondidas que estén la verdad, la belleza y la bondad.

Las páginas que prologo, escritas por Manuel Ramos López, son una muestra de cuanto he dicho. En ellas se percibe un espíritu indómito e inquieto, no pocas veces lacerado y muchas sostenido, que transita un breve fragmento de la historia contando lo que solamente puede ser vivido. Desde este pathos, emergen las imágenes que nos remiten más allá de ellas, para invitarnos, no a vivir lo vivido, pues es imposible vivir en la carne y los ojos de otro, sino para posibilitar vivir la propia vida desde el intervalo, entre el cielo y el suelo, donde habitan la poesía y la oración.

El tono elegiaco, dramático en su desarrollo, entre el dolor, la soledad o el fracaso, y la esperanza avivada por una real presencia de quien le sostuvo firmemente y ahora elusivamente acompaña los días de nuestro autor, van marcando el ritmo en una travesía que se ha de transitar con denuedo y lentitud.

No debe haber prisa al saltar cada línea o al pasar página de estas páginas. No dejes, amigo lector, que las prisas traicionen el origen y el destino por el que fueron escritas. Agradece, en cada una de ellas, el mundo mostrado y el que te invita a visitar. Trata de hacer un ejercicio de hospitalidad, sin juzgar ni medir, en el que se te invita a salir, caminar y orar.

Solo deseamos que estas páginas te ayuden, amigo lector, a todo eso; también, esperamos que no sean las últimas que Manuel Ramos López nos ofrece y que siga transitando sus días viendo, en lo que se ve, más de lo que se ve —como diría el poeta José Mateos—, y compartiendo sendas exploradas para que tantas otras personas puedan caminar.

Santiago García Mourelo
Universidad Pontificia Comillas.

Introducción

Rubén Darío, refiriéndose a Miguel de Unamuno, afirmaba que un *poeta se asoma a las puertas del misterio y vuelve de él, con un vislumbre de lo desconocido, en los ojos.* El poeta fractura lo real para ir más allá de la apariencia de las prisas y sus eficacias, de sus distintos avatares, de la corteza que ahoga todo lo que acontece y, así poder ver con una mirada nueva, acariciada por la flor del misterio, la cadena de las horas y de los días, descubriendo nuevas luces.

Querido lector, encontrarás estas sensaciones en este poemario que acabas de abrir. En estos poemas encontraremos situaciones vitales de anhelo, deseo, preguntas por el sentido y su ausencia, nostalgia, desgarro, muerte. Se presentan como modos de realidad que todos vivimos en algún momento y que pueden ser definidas como *noche* por la vulnerabilidad que generan, por la inseguridad y pérdida de control que llevan en sí, por las preguntas pendientes por resolver... Los poemas que aquí encuentras quieren ayudar a leerte, para que mires con un destello nuevo las noches de todos los días.

Noche, por la que todos pasamos, vivimos y tenemos la tentación de instalarnos. *Noche* en la que podemos caer en lo cotidiano, como afirma Eloy Sánchez Rosillo en su poema *Vértigo:*

Andamos por espacios conocidos,
confiados y en calma.
Pero entre paso y paso
se abre de pronto a nuestros pies el mundo
y respiramos sólo
estupor, desventura, miedo, noche.

Noche que hace preguntarnos, buscar, empezar de nuevo. *Noche* que lleva a descubrir en nuestro interior preguntas que estaban anidadas. La noche es el momento en que nace el poeta para bucear en esas preguntas, en escucharlas en su interior.

«*Jueves*» es una metáfora de la luz y de presencia del Otro, el Amor de mi vida. En estos últimos años el «*Jueves*» ha sido ausencia y vacío. Era el único momento de la semana que no pisaba un lugar que era hogar, donde no veía a personas que eran y son importantes en mi vida y descanso y paz. Un respiro. Posteriormente ha sido el día que más tiempo he compartido con ellos. Me recuerdan que Dios me ama y me quiere para otros.

El «*Jueves*» es una balsa en medio de toda tormenta, una luz en medio de tanta noche. Un respiro, un ENCUENTRO. La luz que siempre alumbra a pesar de tanta noche. También lo encontramos en Eloy Sánchez Rosillo, en su poema Vértigo:

Mas el descenso, milagrosamente,
cesa en un punto
y vemos que a lo lejos, poco a poco,

surge una luz de amanecer muy pura.
La piedad de esa luz
nos bendice los ojos y la frente
y nos guía a un lugar en el que el vivir
transcurre sin historia y se suceden
indistintos los días.

El «*Jueves*» es metáfora que transforma la noche. Con esta luz descubrimos que la *noche* no es ausencia, sino sobreabundancia de presencia. La *noche* es una purificación. La *noche* es querida por el Amor como crisol de narcisismos, egoísmos y poder descubrir, así, un amor más inmenso. Es necesaria la *noche* para recibir el don, el soplo de su don, gratuito; descubierto en el «*jueves*».

Querido lector, espero que te sientas, a través de estos versos acompañado en tus noches y alimentado en la esperanza de que un próximo jueves vendrá donde el Amor y la Luz serán los protagonistas.

¡Gracias!

I

Noche

I

Desgarrado,
desgarrado asciende envolvente
el translúcido
colorido de helio.

Se dice transparente
mas
cúmulos y estratos
provocan,
destacan coloridos, mejor dicho,
no floreciendo con ellos
el susurro que por dentro
oxigena.

Asciende, sí,
mas no se descubre.

Un interrogante
desasido y mustio
gime de dolor
a la vista de espectadores
que sonríen
y se alegran
por el desgarro,
por la subida
por el color sumiso

atrapado
en las mazmorras del viento.

Desgarro,
pues, el interrogante
no puede ver la luz
del sol
ni puede ser acariciado
por otras preguntas.

Falta aire,
falta oxígeno
y asciende entre aclamaciones...

Su pregunta muere
                    asfixiada,
                    ahogada,
                    colgada...

Falta aire...
Asciende...
          ¡Adiós!
¡Adiós colores en el aire,
gemido de ahogo y agonía!
          ¡Adiós!

II

Asciende la noche
por una taciturna garganta
de afiladas agujas
cantando a gritos.

Se aferra con fuerza
               y constancia.
Muerden los afilados dientes
del foso,
muerden su pecho
cortando el aire.

Mañana será otro día...

III

Peregrino
quiero ascender hasta tus cimas
y, emocionado,
rodilla en suelo
besar su tierra
con abandono,
extasiado,
buscando algo ya encontrado.

Peregrino
subir a tus cimas,
ser alimentado por ellas,
poder vivir,
seguir, de ese modo, existiendo.

Contemplando en ellas,
contemplando desde ellas,
admirando
de ellas,
la razón de respirar.

IV

Arrojado en sus olas,
enmudecido escuchas
dentro de la sorda caverna
el norte escondido
en el aparatoso encuentro
entre el mar y la firmeza.

Nudo Gorgiano
aparece en el mapa
que empuja el timonel
hacia el abismo,
hacia el tiempo de búsqueda
ansiosa de oro,
entre muerte y muerte,
entre vida y vida.

La senda,
no está atisbada
y el norte
se pierde entre vicisitudes
del tiempo y de la espera,
del desconsuelo,
el miedo;
entre la ceguera
y aquella luz
deslumbrante

por la sobreabundancia
de tu DON.

Arrojado y ahogado
en el acantilado ominoso
donde se lacera la vida
pudriéndose,
destruyéndose...
queriéndose llevar consigo
cándidas luces
que condenadas
a encadenarse
a la muerte dada.

Arrojado.
Ahogado.
Devorado...

Por aquel
torbellino hambriento.

V

«Yoy want it darker
We kill the flame»

Te soldaste
a sus caderas
y movías tu cuerpo
según su verbo,
y su compás.

Tus manos
amasadas en su carne,
palpan el gozo y el sino
de un porqué
constantemente suplicado.

Tus labios
cantan alegría
cuando sus labios
invaden los tuyos
bebiendo su negra agua
estancada
en una palangana usada
dejándose secar,
dejándose anular
por el tiempo.

La invitaste a bailar.
Fuiste al son de sus cisnes
con traje de noche,
camino a la luna...
pero no hubo más luz.
¡Fin del compás!

Te ha hecho suyo.

Mantenemos la mesa puesta,
pues,
aunque pasional amante,
la oscuridad no te digerirá.

I cought the darkness
It was drinking from your cup.

(Leonard Cohem, in memoriam, 11 noviembre 2016)

VI

Mar bravo
que en lontananza
nos inundas
y naufragas
en preguntas.

Luz cegadora,
que desbordante,
apagas nuestros ojos.

Húmedo escondrijo
donde huir
de otras heces
y otros otoños.

Largo invierno
susurrador de fuegos
helándonos la esperanza.

Alentadoras gafas
con las que vimos el mundo
buscando otras luces,
otras vistas,
otros planos...
¡Nos ciegas!

Dulces senos
en cuyas delicias sucumbimos
imbuidos en su averno
condenados a no ser saciados eternamente.

Tren
de asientos astillados
de ausente prisa,
ni descanso,
ni respiro,
ni ventanas,
ni conversación
ni oportunidad de levantarse.
Donde los segundos
y su aleteo
apuntan a un sinsentido...

¡Noche!

VII

Avanzas amenazante
amedrantando,
oscura
y asesina.

Avanzas
por el pábilo rebajado
del lloro adiestrado
y sucumbido ante la nada.

Avanzas desafiante
altiva,
arrogante,
convocando a la muerte,
venenosa amante,
como guardián de tus miedos
y caídas.
Aguarda... duerme.

Sigues avanzando,
despacio,
serenamente
alcanzando la cercanía
de una meta final
sin competencia.

Avanzas.
El canto del silencio
se apaga,
dejando abierto
el misterio de tu llegada.

Avanzas porque existes
—ahora—
y destinada estás al olvido
porque somos hijos,
herederos,
nacidos de la LUZ
hijos del día.

VIII

Escribo
elevando hacia ti
estas líneas.

Escribo
alabando, desde dentro
del tintero y el corazón,
como un grito en el silencio,
como un beso en el aire.

Es mi arma
contra la duda y el miedo.

Tú,
palabra viva,
verbo escrito en vida
en DON y en cruz
manuscrito.
En toalla y lebrillo
ilustrado,
verbo eterno del Padre.

Escribe tú mis versos y capítulos.

Dirijo mis versos a ti,
no con pluma ágil;

el peso de los noes,
de las caídas
hacen inteligible
el trasiego de la tinta
entrelazada con las líneas.

Tu palabra
me da VIDA
y hace vida, así,
lo escrito,
pues lo escrito
así está.

Contra la duda y el miedo
escribo,
alabo,
amo de nuevo...
querer ser escrito por ti,
mi Rey,
está escrito.

Tu Palabra me da vida
y queda impresa en mí.
¿Escrita?
¡Quiero ser palabra!

IX

Aplacada la caída
de escalón en escalón,
abrazado al vacío del sonido
del consciente SÍ
del que camina
enraizado en tus manos.

Esbozado en el silencio
de tu sinfonía,
entrelazado en tu compás,
amo,
vuelo,
desciendo...

En sostenido entorno
un sí en silencio.

Solo,
no es una canción.

X

Me subí a Rocinante
y, después del primer gigante,
después del molino, a la derecha,
descendí hasta Sancho
para ansiar
con premura y tesón,
con pasión,
volver a estar loco.

XI

Al abrir caminos me llamas.
No hay caminos en mi vida,
Amor,
apenas hay senderos
pues los abro, y desaparecen.

Estoy en la edad de los caminos,
campos cruzados,
caminos paralelos.
Vivo en la encrucijada,
y mi brújula,
amor,
no apunta al norte.
Corro exhausto
hacia la meta,
y el polvo del camino
se agarra a cada paso.

¿Eres tú
quien ha extendido mi camino?
¿Cuál es mi senda?
¿Dónde me lleva?

Si eres tú el arquitecto,
ansío conocer la meta,

planificada y diseñada
por Otro distinto a mí.

Busco mi camino,
¿tú?
Dame luz verde.

XII

Caricia suave,
abrazo que consuela,
fuego que apresura,
susurro que ensordece.

Amparo que vulnera,
acogida que ennoblece,
impulso acelerarte,
abrazo en sosiego ardiente.

Interminable historia,
escucha del emisor solitario
audífono intermitente
de un corazón enrocado.

Interrogante resuelto
en búsqueda continua.
Amor en mayúsculas
minimizado al entenderlo.

Canto al viento,
brisa transformante,
amor crucificado
perpetuamente amante.

Eres TÚ,

a veces tan callando
te presentas deslumbrante, cegador, transcendente.

Amigo del alma,
flor de terciopelo
entre nieve y bruma,
así te quiero,
rayo de luz,
taumaturgo de ciegos.

XIII

Te retuerces
en mi interior.
Gritas en lo imposible de sus formas.
Alzas la voz
en mi susurro
que arde
y marchita
las ganas de respirar.

Laceras
el jardín de vida
que desaparece a tus pies
pues de mí,
prisión endeble,
no puedes salir.

Brotas a latigazos
creciendo en tempestad
donde la zozobra,
y el pánico
alientan un rumbo hacia la nada
donde no hay faro,
que encienda esperanza
ni marinero
arrullado por sirenas
que beba de esas aguas.

Duerme en tu zozobra
dulce abrazo.
Duerme en tu zozobra
acurrucado en la esperanza
de seguir navegando.

XIV

Lo peor de la noche
es el inicio de su amenaza,
dejando atrás los tonos ocres
abandonados por la paz otorgada.

Lo peor de la noche
son las preguntas ensanchadas
que, en la apnea del culpable,
herida por su insomnio,
quedan en su respiración clavadas
haciendo que la flor dolorida rebrote.

Lo peor de la noche
es perder tu mirada amada
entre tiento y tiento,
entre nada y nada.

Lo peor de la noche
es la esperanza anclada
al no volver el día,
a ensordecer mi alma a tu alborada.

XV

La sombra
suavemente alumbra
el sendero
sediento de luz.

La sombra,
reducida a escombro
escapa
desvaneciéndose en nada
buscando otras luces.

Las estrellas,
junto al viento
le aterran el retorno,
retrocediendo
sus plomizos pasos.

La sombra,
sucumbe a la luz
por mucho que se enlace a la noche.

XVI

Cae la tarde,
y las heridas abiertas
de las estrellas
se preparan para su carrera.

Caen llorando
iluminando, de luz ominosa
las llagas de los ojos
de los que miran
buscando naufragar.

Cae la tarde
invitando a la sombra,
al asombro,
a la espera.

Cae la tarde
la noche se levanta
no dejando nada
sin vida.

Cae la tarde.

Ha caído.

Silencio.

XVII

Nada...
Tan solo estoy sediento.
«Tengo sed»
—dijo la Palabra—
cuando el agua subterránea
no parece saciar.
Nada...
Tan solo tengo sed...

XVII

Apartaré
a desesperados zarpazos
el suculento suelo
que seca
mi saliva decaída.

El ansia y la sed
hacen que busque
las raíces
para alimentarme,
sobrevivir,
pues el árbol está seco
y el fruto, no es frondoso.

Besar, morder tu raíz
para que me salve tu sabia.

Besar, beber,
suplicar,
absorber.

¡Vivir!

¿Sobrevivir?

XVIII

Su zarpazo
arde en mis venas.

Su caricia
escuece entre mis poros.

Su ardor
hiela mi esperanza
como el secundero
enloquecido
en una huida
de las fauces del tiempo

Sucumbo
ante su imposible
y ante su VERDAD certera.

Postrado
beso sus pies,
los de aquel que no
apunta a maneras.

¡Tiempo!
¡Límite!
¡Finitud!

XIX

Bebería llamas
para sentir calor.
Bebería llamas
para poder vivir de nuevo
y resucitar al día tercero
de estercoladas cenizas
a un brote nuevo.

Bebería llamas
para poder andar
desnudo al viento
y abrazado por su brisa.

Bebería llamas
y así arder, de nuevo,
luminoso,
con ascuas enfriadas
ansiosas por arder.

Bebería llamas...

XX

Abriría todas las flores
para regresar a una nueva
primavera.

Las respiraría,
las olería,
y, angustiado, te buscaría
con el temor
de los que aman,
de aquellos inválidos
por un sórdido invierno.

Abriría todas las flores
buscando tu retrato,
contemplarlo
a diferentes distancias
volviendo a vivir
con un oxígeno nuevo.

Abriría todas las flores,
y buscaría, de nuevo,
una cálida luz reciente
después de una larga noche,
de un frío obtuso
de una helada caverna...

Así es, abriría todas las flores.

Así sea.

XXI

Tu memoria
araña mi calzada
impidiendo alzar el vuelo
por el sendero matutino
hacia el hastío de la nada.

Tu memoria
resucita a muertos criminales
del ayer,
asesinos de flores,
y de gargantas,
sembradores de esperanzas
muertas
sobre un halo de nada
¡Muerte!

Eso me dona tu memoria.

Litros de muerte y más muerte
servidos con atracción
para un último sorbo.

Necesito respirar.

XXII

Canto ahogado,
vida acortada.
¿Un día nuevo?
Muerte y más nada.

Dolor en pentagrama,
violencia domesticada.

Un mar arenoso
donde brotan flores amarillas
en una alfombra esperanzadora
sin brújula,
sin mañana
sin hoy, sin un después.

Caos contrariado
y purgado de ciertos órdenes
                                        tiranos falaciosos
lógicos, aparentemente.

Aplaudimos al aire,
                              una vez más
sucumbiendo al silencio.

Nada...
de nuevo...

XXIII

Condenados a un alto vuelo
y un porqué.
¿Dónde?
¿Cuándo?
Silenciamos al silbido solaz
                                        de su respuesta,
solamente ajada
en otra pregunta
supuestamente nueva,
antigua,
sangrada y sola...
¿Por qué?

Volvemos a esquivarla
encarnando encarecidamente
un forzado encuentro
entre un sonoro silencio
y un tenue pábilo de luz.

Me abandono a tu abrazo,
sucumbo a sus encantos,
en su orilla me siento
sostenido
por un sinuoso canto,
un nostálgico grito.
                                                        ¿Por qué?

La sed y su noche me abruman
y súbitamente me hace saltar
a otras cimas.

Voy...
de nuevo entre las sombras,
de nuevo,
¿por qué?

XXIV

La sed
me ahoga
y no sacia el deseo
del abrazo
que me dé a beber.

Tengo sed,
y, al saciarla
me abraza la muerte
llenando de nada mi aliento.

El agua no sacia,
no calma ni refresca,
no llena de consuelo...

He dejado de ser.
He dejado de estar.

Tengo sed,
y el agua me quema.
La muerte paraliza mi paladar.

Tengo sed,
y muero por saciarla,
no hay agua,
mi garganta es un desierto.

XXV

¡Despierta!

Se están derribando
los segunderos,
se van derritiendo
por un abismo
de después,
de porqués
y de amores no pronunciados.

¡Levántate!
¡Anda!

Los relojes...
Antes de que se fundan
en la losa de mármol.

¡Despierta!
No puede permanecer
viva la muerte.

XXVI

Nada es todo
cuando se decide
nadar en ella.

Si es naufragio
es «algo»
porque se puede salir de ella,
se puede salir a flote.

Nada es opción
cuando los pétalos
sucumben al núcleo del néctar.

Nada es hoy
y nada es mañana
cuando, desde el ayer,
la noche nos guía.

Nada...

¡Siempre!

XXVIII

Me gustaría dejar de ser
y existir, como obra de arte.
Donde las manecillas, hieráticas,
no hicieran herida
en el sendero del segundero.

Ser de piedra,
tiempo muerto.

Piedra que no permita
despeinarse al viento,
ni derrochar lágrima
ni que de muerte
se vista mi piel.

Mas...

¿Tendría sentido
no dejarse herir
por el amor
en carne viva?

XXIX

Tu silencio
desgarra nuestros tímpanos.
El grito de tu ausencia
estremece
como una tormenta,
presa de su propia locura.

Hago oídos sordos
ante el canto del adiós,
una odiosa sinfonía
que apaga el alma,
acalla la luz
que llevamos encendida en tu hoguera.

Tu silencio
no nos deja vivos.
Algo de nuestra canción
se ha hecho un eterno compás
de silencios.

XXX

Contemplo,
a través de la opaca
vida translúcida de tus ojos,
la nada de la que
hemos sido envueltos.

Rebozados de silencio,
aullamos pidiendo luz,
una luz que no llega,
un amanecer preso
por un reloj amordazado
por sus hebillas.

Y es tu retrato
desde tu silencio
que produce más desolación.

XXXI

Nada,
los grises mármoles
gritan desolados,
mas solo se escucha...
¡Nada!

Punto de salida,
punto de llegada
mas, nada se respira,
cuando el silencio
se inicia en tu piel.

Nada,
cuando el frío mármol gris
evoca tu nombre
e impide mi abrazo.
La insidiosa piedra
bloquea mi acceso
a lo que de ti queda.

Nada me queda,
tú lo eras todo.

XXXII

Una blanca rosa
prende fuego
sobre el mármol gris
que, helador
se cierne sobre el día
dejando paso
a una noche sin fin.

Es un pábilo acurrucado
    que lucha
    entre tanta noche
    dando calor
    de amor desangelado.

Es una blanca rosa
que anuncia una Pascua
con nombre propio,
el tuyo,
mi querido todo.

Una blanca rosa
entre un suelo gris,
es un grito de VIDA.

XXXIII

Mira y canta.
Las dos instan a su regazo.
Mira y respira,
¡espera!
La vida invita
a un vaso más.

XXXIV

Taciturno en la espera
de un silencio que nunca duerme,
canto y grito
con las manos en alza,
pues emanan de ellas
llantos, porqués
y otros silencios por descubrir.

XXXV

Cerrados
a tus nuevos aires,
a pesar de las ventanas abiertas,
el corazón no ventila,
cerrojo forajido
peregrino en un ayer,
preguntas sin resolver.

Abrir una rendija,
por nimia que sea,
para una nueva bocanada
de aire fresco.

XXXVI

Hay un huracán en mí,
destructivo,
apasionado,
y herido.

Hay un huracán en mí
que baila
al son de tu silencio,
que danza
por los compases de tu ausencia,
que lo desgarran
y aturden
como si no hubiera un punto y final.

Sordo
a otros acordes,
el huracán golpea
los «te quiero»
engatusados en la pared,
ensordecidos,
silenciados.

Es música
estruendosa
en el tímpano del corazón

que se deshace
por no encontrar tu abrazo.

Hay un huracán en mí
que no encuentra descanso,
que no abraza la paz,
que enmudece
al ver tu nombre
grabado en piedra
que se derrite
al empezar entonar tu ausencia
como un ruido más.

Hay un huracán en mí
que revive
cuando tu muerte
vuelve a reproducir
tu nuevo silencio.

II

Jueves

XXVII

Y se hizo la luz,
dejando tras de sí aroma de Pascua.
Se hizo la luz,
pudiendo leer,
los entresijos del minutero
y sus desdenes,
entre los que te encuentras,
esperas,
¡vives!

Y se hizo la luz,
recordando el amor puesto
en todas las cosas.

Luz de luz,
luz donada
ahora,
entre los entresijos de la noche y su abrazo.

Hazme amanecer de nuevo,
mañana.

XXXVIII

Envueltos en el polvo del sendero,
sudorosos y rotos los pies,
como lo estábamos por dentro;
escapábamos del vacío
llevándolo como equipaje.

Entonces, Amor
nos abordas,
y un torrente
nos gritaba por dentro,
corriendo por nuestras venas
la alegría descorchada y compartida.
Nuestras manos
transformadas en hogazas,
partidas y repartidas.

¡Quédate, amor!
La noche regresa, acaece, asusta.
¡Quédate, amor!

Por ti alimentados,
volveremos resucitados
a una vida nueva,
un nuevo amanecer.

XXXIX

La agenda,
con seis heridas por bandera,
arde presurosa
urgida de tu abrazo;
oasis de paz,
de encuentro,
de hogar al calor
de un nuevo respiro.
En medio de esperanzas,
de ansias de plenitud
colmado,
jueves, habitas a la espera
de que el afán y el amor se unan
en tu casa.
Jueves de encuentros,
de amor siempre nuevo y aflorado.
Abrazo de paz
siempre urgido
a arder aflorado
de una nueva mañana esperanzada.

XL

La vida de la que me despojaste,
henchida de quemazones, y olvidos.
El recuerdo susurra en la brisa
un ayer insondable,
ahogado por un «no será jamás».

Quedan algunas ascuas
que en el pecho rezuman,
arrasan, denigran, agotan...
Tu rostro sigue latente...

Ahora ardes
en una luz siempre nueva.
Completamente jueves,
ardiente fuego de rostros,
que en el paso de los segundos y horas
de espera,
las ascuas del amor
nacen en una nueva esperanza.

XLI

Me desvelé en miércoles
esperando un jueves.

Tu ausencia
me recordó

que llevaba
varios años dormido,

y en un nuevo sueño
amanece
el anhelo

de un amor
que, aún en la noche
luce álgido y fuerte
como una mañana
respirando hondo.

Me desvelé un miércoles
y amaneció el jueves
abrazado por un amor
que nunca acaba.

XLII

Nos miro felices en el ayer
y nos contemplo radiantes.
Hoy, vacío,
siendo otro,
este de ahora,
anhelo con desvelo
no el ayer,
sino tenerte hoy.

Nos miro,
la sonrisa se hace subrayado
del «gracias» dado con la mirada,
de los insuficientes abrazos
que nos dimos.

Seguir soñando
silenciosamente
que me miras
meciéndome mientras
tu sonata silenciosa
sana
la herida del adiós
que no cicatriza,
que siempre arde.

Me expulsaron
del Parnaso,
perdí el verso,
se exiliaron las musas,
huyó la poesía
de mi hogar,
pues una tiniebla de nostalgia,
asesina de pasión,
llevó tu nombre en el aire,
sus olas
susurran un adiós.

¡Vuelve!
¡Alza hasta este silencio
tu vuelo!
Al silencio del mar,
te requiero
que tenemos que seguir amando
juntos,
caminando
juntos,
buscando juntos.

¡Vuelve!
¡Alza hasta este silencio
tu canto!

Al silencio de la montaña,
te requiero,
pues tenemos
heridas del calendario que sanar
amado jueves,
mi mundo entero.

XLIII

Te estoy esperando,
sin importar la noche
que acaece,
sin importar el frío
que sucumbe al mañana,
mas estremece.

¡Te estoy esperando!
Con un débil pábilo
                                        me basta.

No me moveré
hasta atisbarte
                                        en el horizonte.

¡Esperaré!
            y espero.

Vivir será esperarte siempre,
jueves entre tanta noche,
                                        perla encontrada
                                        tesoro gratuito,
            ofrendado sin facturas.

Mañana siempre nuevo,
razón del camino.

Pan partido
mas amor por entero
en amantes llamas encendido.

Te estaré esperando,
jueves.
¡Jurado queda!
Luz a media noche,
amado seré,
al ser fundido en tu hoguera.

XLIV

En esta luminosa noche
donde, en tanto ruido
no escucho nada,
el frío enciende
una búsqueda en mi pecho.

Es de noche,
y los alaridos del horizonte
estremecen mi aliento
helándolo,
hasta el extremo.

Demasiada luz
para creer
que ya ha amanecido,
por eso,
en esta NOCHE,
TÚ,
anhelo de esperanza,
¡hazla un tiempo de salud!
Como todas las noches
en las que tu NOMBRE
es pronunciado
sobre nosotros.

Tu luz,
nos hará
bañarnos siempre
en un sol renacido.

XLV

Aunque tú no lo sepas,
perecen los minutos
por el hecho
de encontrarte.

Aunque tú no lo sepas,
hubiera saltado el calendario
para no silenciar
el olvido de tu latido,
mas me sucumbiste
                                        en una espera
                                        color verde.

La agenda ha caído,
            TÚ
te eternizas todos los días.

ÍNDICE

I. Noche

II. Jueves

Este libro se terminó de editar en Granada
en marzo de 2024 por

Aliarediciones

www.aliarediciones.es
info@aliarediciones.es